Impressum
Verlag: BABADADA GmbH, Nedderfeld 112 , 22529 Hamburg
Geschäftsführer / Verlagsleitung: Harald Hof
Druck: Books on Demand GmbH, In de Tarpen 42, 22848 Norderstedt

Imprint
Publisher: BABADADA GmbH, Nedderfeld 112 , 22529 Hamburg, Germany
Managing Director / Publishing direction: Harald Hof
Print: Books on Demand GmbH, In de Tarpen 42, 22848 Norderstedt

dugsi
colegio

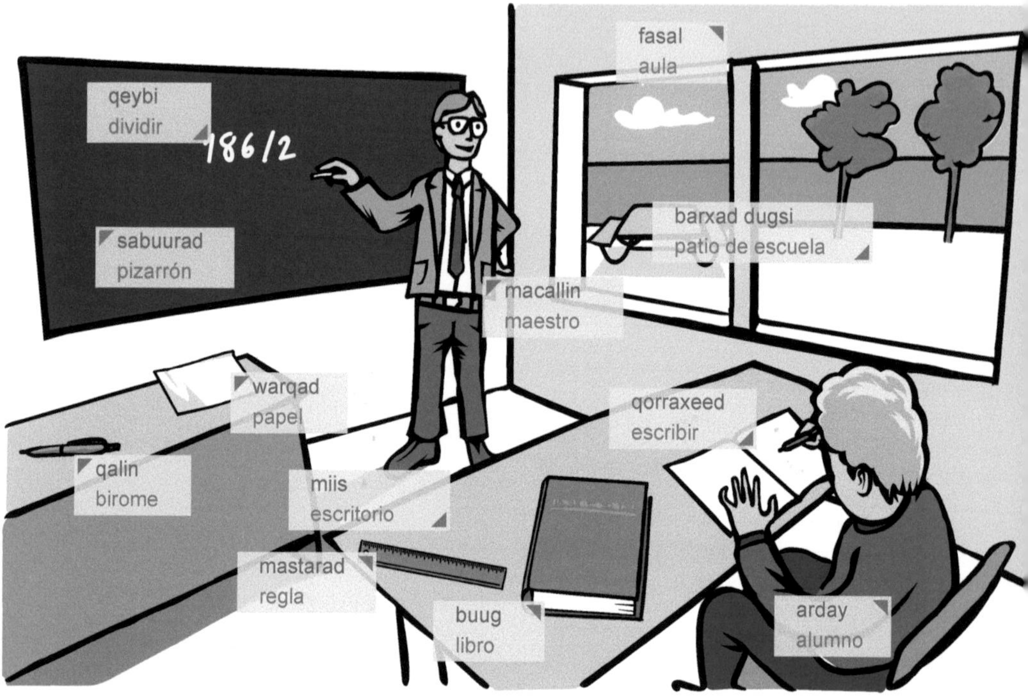
fasal
aula
qeybi
dividir
186/2
barxad dugsi
patio de escuela
sabuurad
pizarrón
macallin
maestro
warqad
papel
qorraxeed
escribir
qalin
birome
miis
escritorio
mastarad
regla
buug
libro
arday
alumno

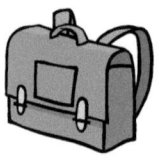

boorso
mochila

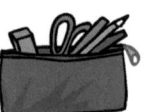

kiis qalin-qori
caja de lápices

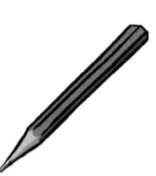

qalin-qori
lápiz

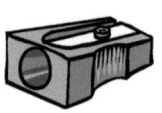

koobka qalin qor
sacapuntas

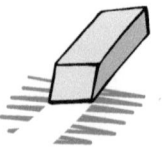

titirre
goma (de borrar)

buugga sawirka
bloc de dibujo

sawirid

dibujo

burushka midabaynta

pincel

gasaca midabaynta

caja de pinturas

maqasyo

tijera

koollo

pegamento

buug qoraal

cuaderno de ejercicios

shaqo-guri

tarea

12

lambar

número

2+2

ku dar

sumar

5-2

ka jar

restar

2×2

ku dhufo

multiplicar

xisaabi

calcular

A

warqad

letra

ABCDEFG
HIJKLMN
OPQRSTU
VWXYZ

alifbeeto

abecedario

hello

erey

palabra

qoraal

texto

akhri

leer

jeesto

tiza

cahsar

lección

diiwaan

cuaderno de clase

imtixaan

examen

shahaado

certificado

direes dugsi

uniforme escolar

waxbarasho

educación

diwaan mowduuceed

enciclopedia

jaamacad

universidad

mayskariskoob

microscopio

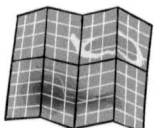

khariidad

mapa

haan qashin-gur

tacho (de basura)

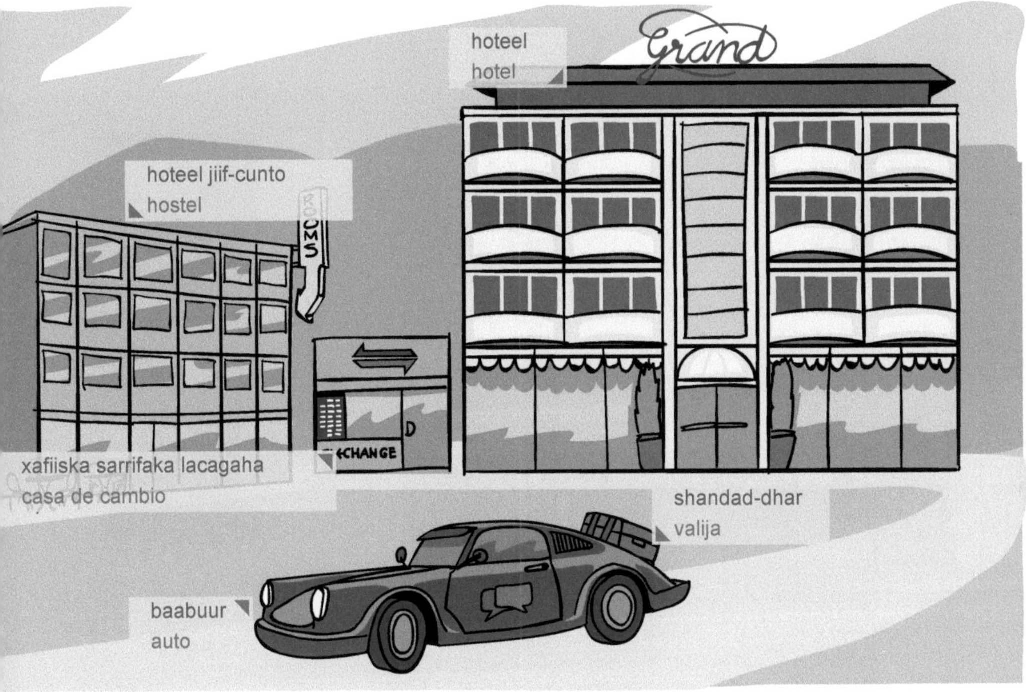
hoteel
hotel
Grand
hoteel jiif-cunto
hostel
ROOMS
EXCHANGE
xafiiska sarrifaka lacagaha
casa de cambio
shandad-dhar
valija
baabuur
auto

luuqad

idioma

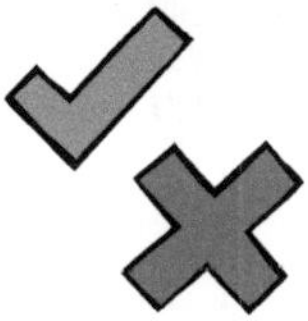

haa / maya

sí / no

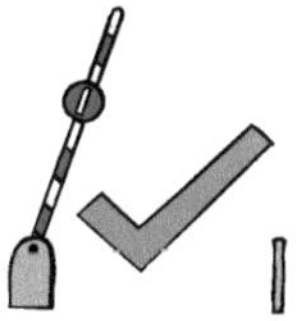

Hagaag

Está bien

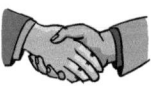

nabad miyaa

hola

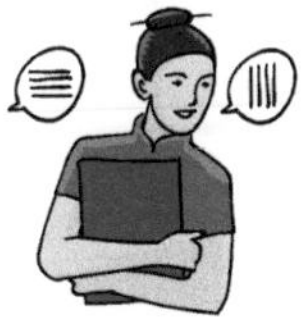

turjumaan

traductor

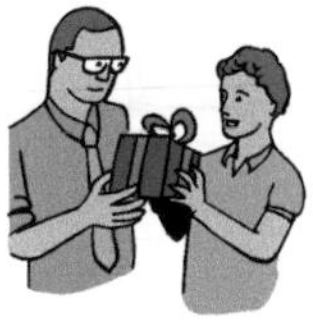

Waad mahadsan tahay

Gracias

waa immisa...?

¿cuánto cuesta...?

ma aanan fahamin

No entiendo

dhibaato

problema

galab wanaagsan!

¡Buenas tardes!

subax wanaagsan!

¡Buenos días!

habeen wanaagsan!

¡Buenas noches!

nabad gelyo

adiós

jiho

dirección

alaabo

equipaje

boorso

bolso

boorso-dhabar

mochila

marti

invitado

qol

habitación

katiifad

bolsa de dormir

teendho

carpa

xog dalxiis

información turística

xeebta

playa

kaar amaah

tarjeta de crédito

quraac

desayuno

qado

almuerzo

casho

cena

rasiid

pasaje

wiish

ascensor

tiimbare

sello

xuduud

frontera

qeybta-canshuur-bixinta

aduana

safaarad

embajada

dal ku gal

visa

baasaboor

pasaporte

gaadiid
transporte

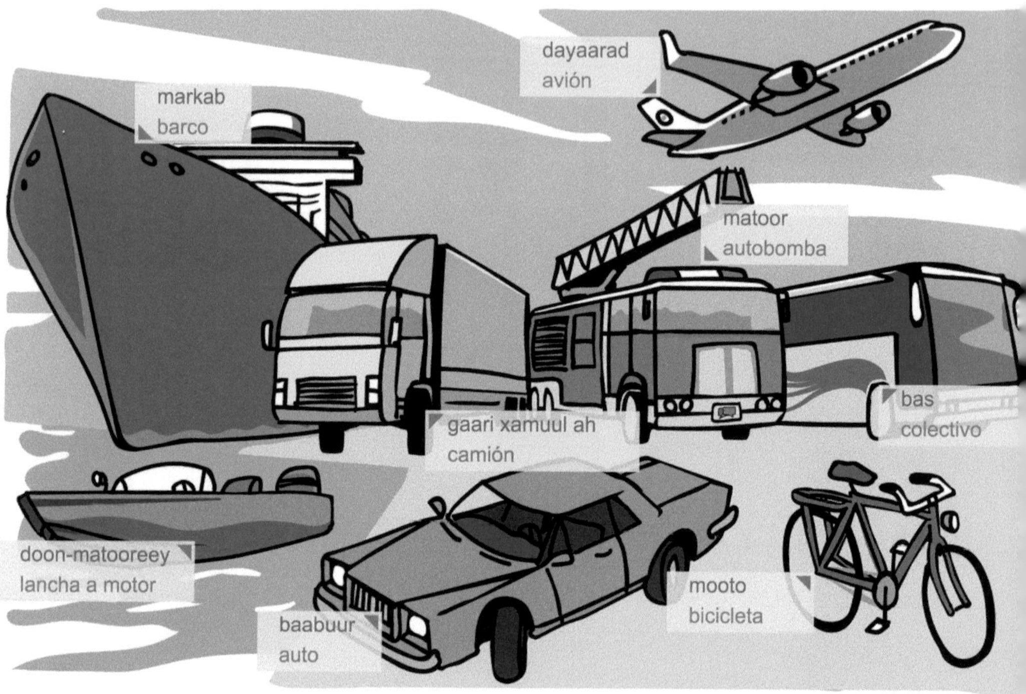
dayaarad
avión
markab
barco
matoor
autobomba
bas
colectivo
gaari xamuul ah
camión
doon-matooreey
lancha a motor
mooto
bicicleta
baabuur
auto

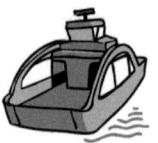

doon
ferry

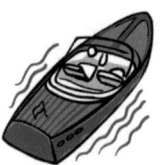

doonnida
bote

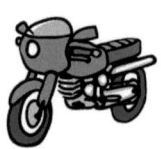

mooto
moto

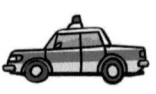

baabuur booliis
patrullero

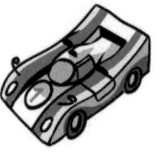

baabuur baratan
auto de carreras

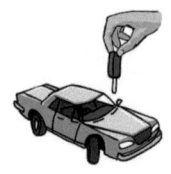

baabuur la-kiraysto
auto de alquiler

gaadiid-wadaag

alquiler de autos

wiishle

grúa

gaari qashin-gure

camión de basura

matoor

motor

shidaal

nafta

ajib

estación de servicio

calaamad taraafiko

señal de tránsito

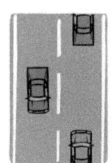

taraafiko

tránsito

jaam baabuur

embotellamiento

baarkin-baabuur

estacionamiento

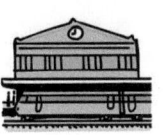

boosteejo tareen

estación de tren

waddo-tareen

vías

tareen

tren

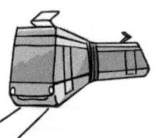

taraam

tranvía

gaari faras

vagón

helikobtar

helicóptero

garoonka dayuuradaha

aeropuerto

manaarad

torre

rakaab

pasajero

weel

contenedor

kartoon

caja de cartón

gaari faras

carretilla

dambiil

canasta

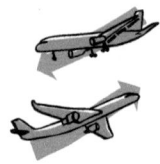

kicid / degis

despegar / aterrizar

magaalo

ciudad

tuulo

pueblo

faras magaale

centro de ciudad

guri

casa

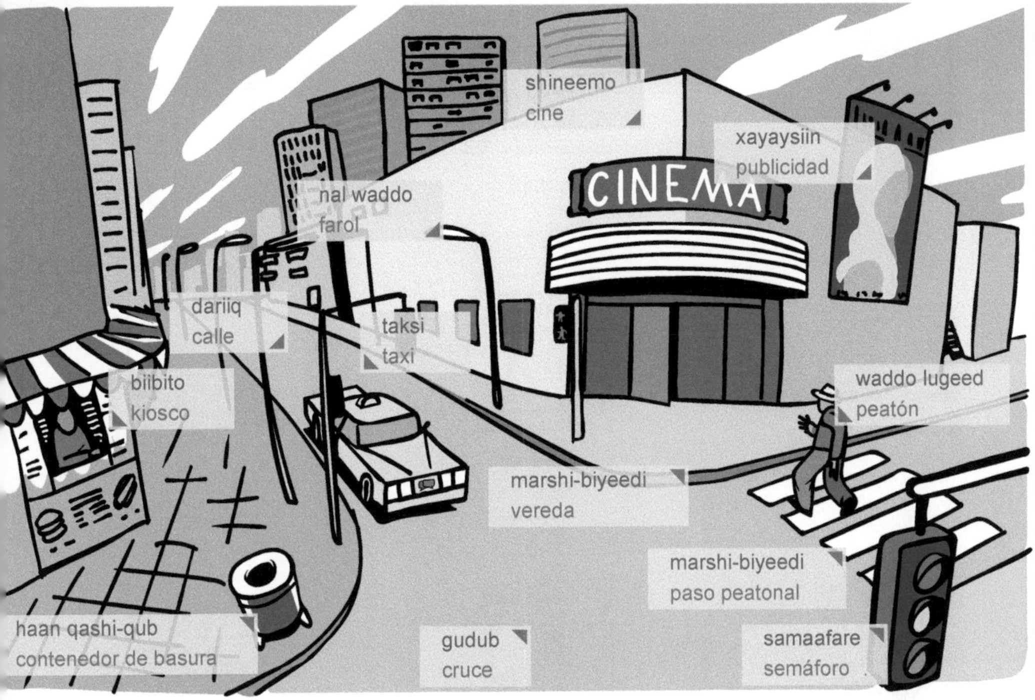

shineemo
cine

xayaysiin
publicidad

nal waddo
farol

dariiq
calle

taksi
taxi

bilbito
kiosco

waddo lugeed
peatón

marshi-biyeedi
vereda

marshi-biyeedi
paso peatonal

haan qashi-qub
contenedor de basura

gudub
cruce

samaafare
semáforo

CINEMA

mundul

cabaña

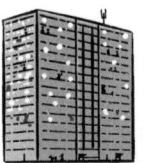

dabaq

departamento

boosteejo tareen

estación de tren

xarunta dowladda-hoose

municipalidad

matxaf

museo

dugsi

colegio

jaamacad

universidad

bangi

banco

isbitaal

hospital

hoteel

hotel

farmasi

farmacia

xafiis

oficina

buug shoob

librería

dukaan

negocio

dukaan ubax

florería

carwo

supermercado

suuq

mercado

suuq weyne

grandes tiendas

kalluun-iibshe

pescadería

suuq

centro comercial

furdo

puerto

jardiino
parque

kursi
banco

buundo
puente

jaraanjaro
escaleras

waddo-tareen-hoosaad
subte

waddo-dhul hoose
túnel

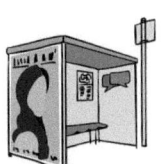

boosteejo
parada del colectivo

baar
bar

makhaayad
restaurante

sanduuq boosto
buzón

calaamad waddo
letrero

joogid-cabbire
parquímetro

beer-xayawaan
zoológico

barkad dabbaalasho
pileta

masaajid
mezquita

beer

granja

naqas

contaminación

qabuuro

cementerio

kaniisad

iglesia

garoon

juegos infantiles

macbad

templo

muqaal-dhireed
paisaje

caleen
hoja

calaamad-waddo
poste indicador

waddo
camino

seere
pradera

dhagax
piedra

geed
árbol

buur korre
excursionista

webi
río

caws
hierba

ubax
flor

dooxo

valle

buur

montaña

laag

lago

kayn

bosque

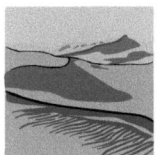

saxare

desierto

foolkaano

volcán

qasri

castillo

qaanso-roobaad

arco iris

barkin-waraabe

champiñón

geed timireed

palmera

kaneeco

mosquito

duqsi

mosca

qoraanjo

hormiga

shinni

abeja

caaro

araña

dameer-duudeey

escarabajo

rah

rana

dabagaalle

ardilla

kashiito

erizo

dabagaalle

liebre

guumeys

lechuza

shimbir

pájaro

boolo-boolo

cisne

doofaar-jilibeey

jabalí

deero

ciervo

faras-duur

alce

biyo-xireen

presa

tamar-dhaliye

aerogenerador

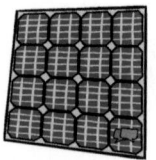

soollar

panel solar

cimilo

clima

makhaayad
restaurante

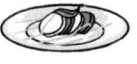

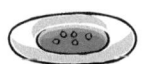

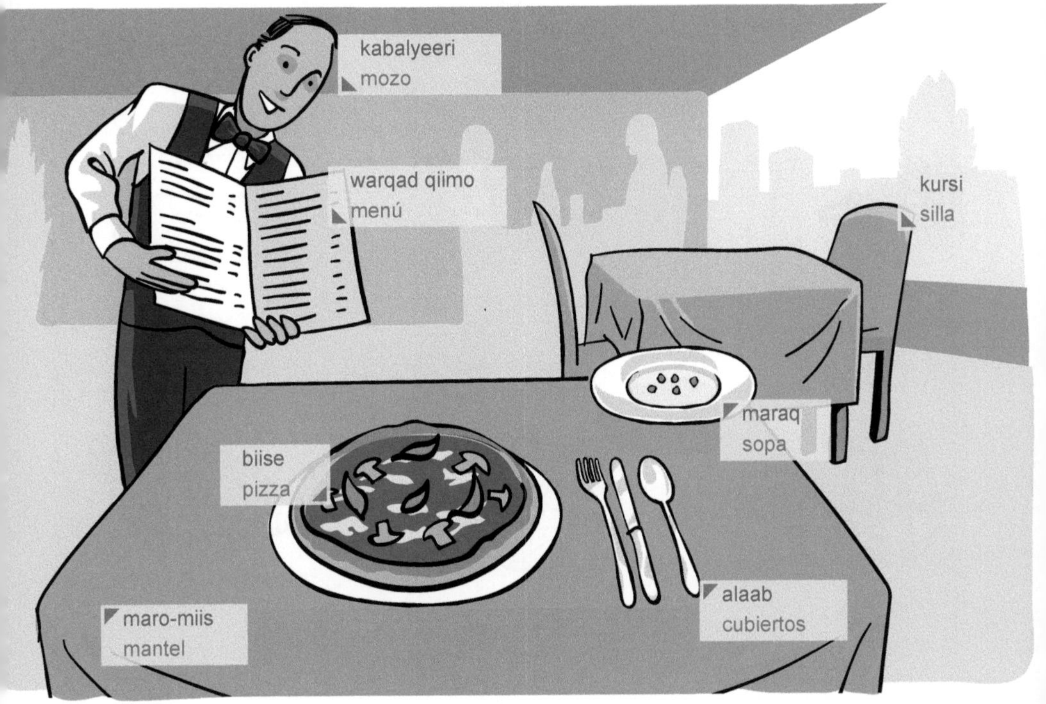
kabalyeeri
mozo
warqad qiimo
menú
kursi
silla
maraq
sopa
biise
pizza
alaab
cubiertos
maro-miis
mantel

af-billow
....
entrada

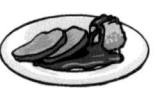

cunto bariimo
....
plato principal

macmacaan
....
postre

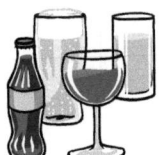

cabitaan
....
bebidas

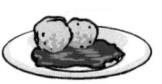

cunto
....
comida

dhalo
....
botella

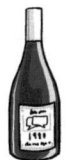

cunto diyaarsan

comida rápida

cunto-waddo

comida callejera

jalmad shaah

tetera

weelka sonkorta

azucarera

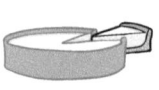

qayb

porción

mashiinka isbareesada

cafetera expreso

kursi dheer

sillita alta

biil

cuenta

tereey

bandeja

mindi

cuchillo

fargeeto

tenedor

qaaddo

cuchara

malqacad-shaah

cucharita

shukumaan miis

servilleta

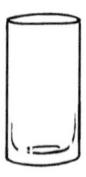

galaas

vaso

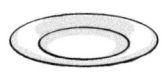

saxan

plato

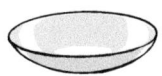

saxanka maraqa

plato hondo

saxan

plato

suugo

salsa

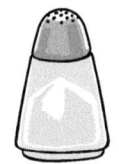

weelka cusbada

salero

basbaas shiide

molinillo de pimienta

fixiye

vinagre

saliid

aceite

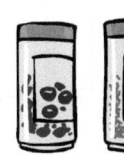

dhandhanaan

especias

suugo

kétchup

mastaard

mostaza

mayoonees

mayonesa

carwo

supermercado

qiima dhimis qaas ah
oferta especial
FOR
macmiil
cliente
caano
lácteos
miro
fruta
gaariga adeega
changuito

BUTCHERS

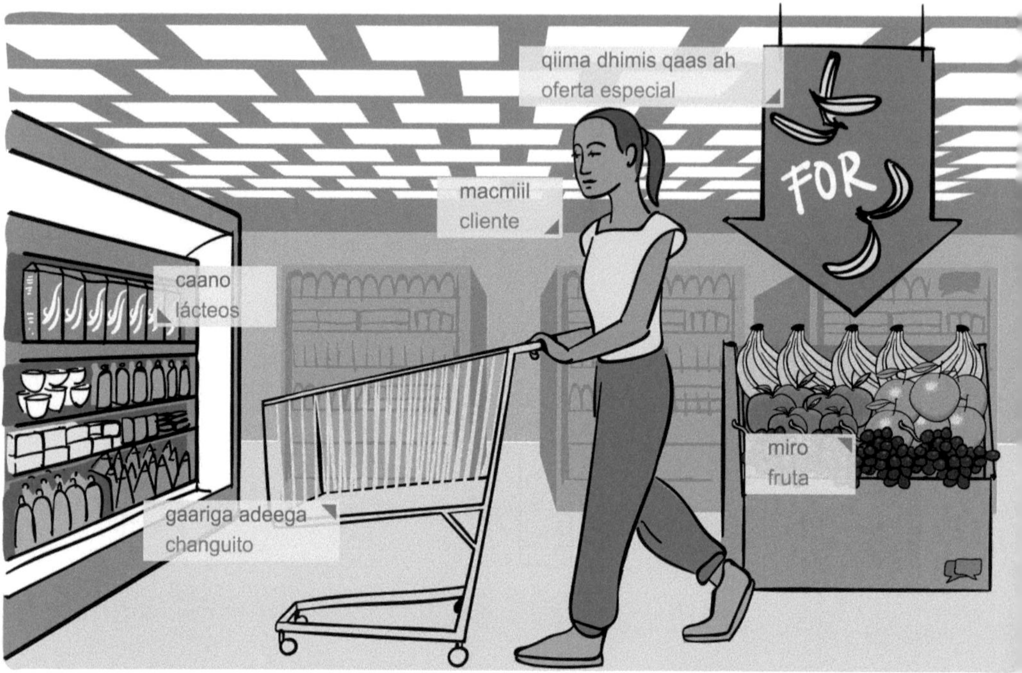

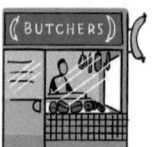

kawaan

carnicería

BAKERY

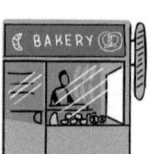

foorno

panadería

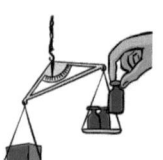

cabbir

pesar

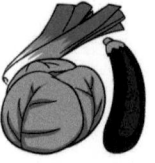

khudaar

verduras

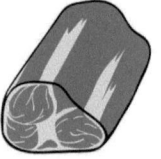

hilib

carne

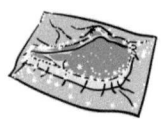

cunto la qaboojiyay

alimentos congelados

hilibka qadada

fiambres

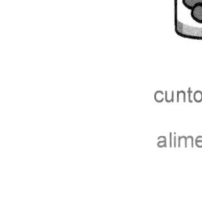

cunto gasacadeysan

alimentos enlatados

oomo

detergente en polvo

macmacaan

golosinas

alaabada guri

electrodomésticos

alaabo nadaafad

productos de limpieza

iibshe

vendedora

diiwaan lacagta

caja

qasnaji

cajero

liis adeeg

lista de compras

saacadaha shaqo

horario de atención

shandada jeebka

billetera

kaar amaah

tarjeta de crédito

bac

cartera

bac

bolsa de plástico

biyo

agua

casiir

jugo

caano

leche

kooka-kola

bebida cola

khamri

vino

biir

cerveza

khamri

alcohol

kooke

cacao

shaah

té

kafee

café

isberesso

café expreso

koobishiin

cappuccino

muus

banana

tufaax

manzana

liin-bambeelmo

naranja

qare

melón

liin

limón

karooto

zanahoria

toon

ajo

baambuu

bambú

basal

cebolla

barkin-waraabe

champiñón

loos

nueces

baasto

fideos

baasto

tallarines

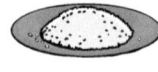

bariis

arroz

salar

ensalada

jibsi

papas fritas

baradho shiilan

papas fritas

biise

pizza

haambeegar

hamburguesa

saanwij

sándwich

hilib-jiir

churrasco

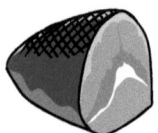

hilib-doofaar

jamón

salami

salame

sooseej

salchicha

hilib-digaag

pollo

duban

asado

kalluun

pescado

sareenta mashaarida

copos de avena

quraac isku-dhafan

muesli

daango

copos de maíz

bur

harina

nooc rooti ah

medialuna

rooti

pancito

rooti

pan

rooti-la-kulluleeyey

tostada

buskud

galletitas

subag

manteca

hanti

cuajada

doolsho

torta

ukun

huevo

ukun shiilan

huevo frito

burcad

queso

jalaato

helado

sonkor

azúcar

malab

miel

malmalaado

mermelada

labeen macmacaan

pasta de chocolate

suugo

curry

cunto - comida

beer

granja

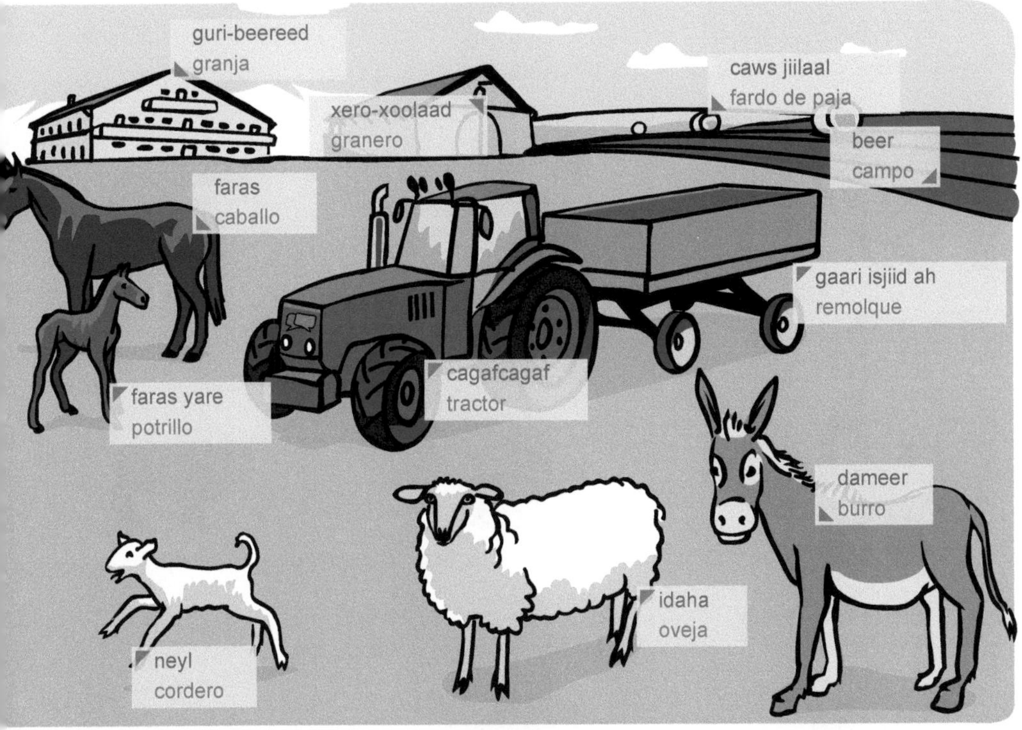

guri-beereed
granja
xero-xoolaad
granero
caws jiilaal
fardo de paja
beer
campo
faras
caballo
gaari isjiid ah
remolque
faras yare
potrillo
cagafcagaf
tractor
dameer
burro
idaha
oveja
neyl
cordero

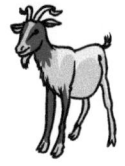

ri'

cabra

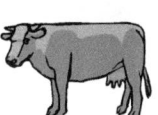

sac

vaca

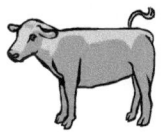

weyl

ternero

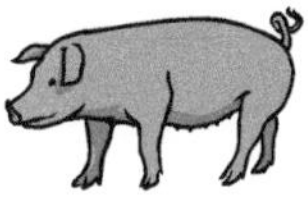

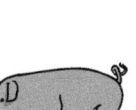

doofaar

cerdo

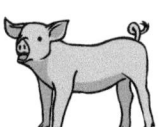

dhal doofaar

lechón

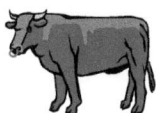

dibi

toro

bawaato lab

ganso

bawaato

pato

jiijiile

pollo

digaag

gallina

diiq

gallo

doolli

rata

bisad

gato

jiir

ratón

dibi

buey

eey

perro

hoyga eeyga

cucha

tuubbo waraab

manguera

sakeelka waraabinta

regadera

gudin

guadaña

carro-roge

arado

gudin

hoz

yaambo

azada

fargeeto caws-beereed

horquilla

faas

hacha

gaari -gacan

carretilla

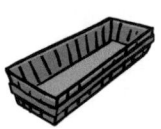

dar

abrevadero

dhalada caanaha

lechera

jawaan

bolsa

deer

reja

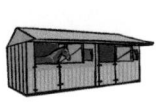

xero xooleed

establo

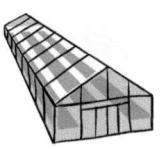

gur-biqlin-dhireed

invernadero

ciidda

suelo

abuuka

semilla

bacrimiye

fertilizador

cagafta beer-goynta

cosechadora

beer-goyn

cosechar

beer-gooyn

cosecha

moxog

batatas

sarreen

trigo

soya

soja

baradho

papa

galley

maíz

geed-saliideed

semilla de colza

geed mirood

árbol frutal

moxog

mandioca

firiley

cereales

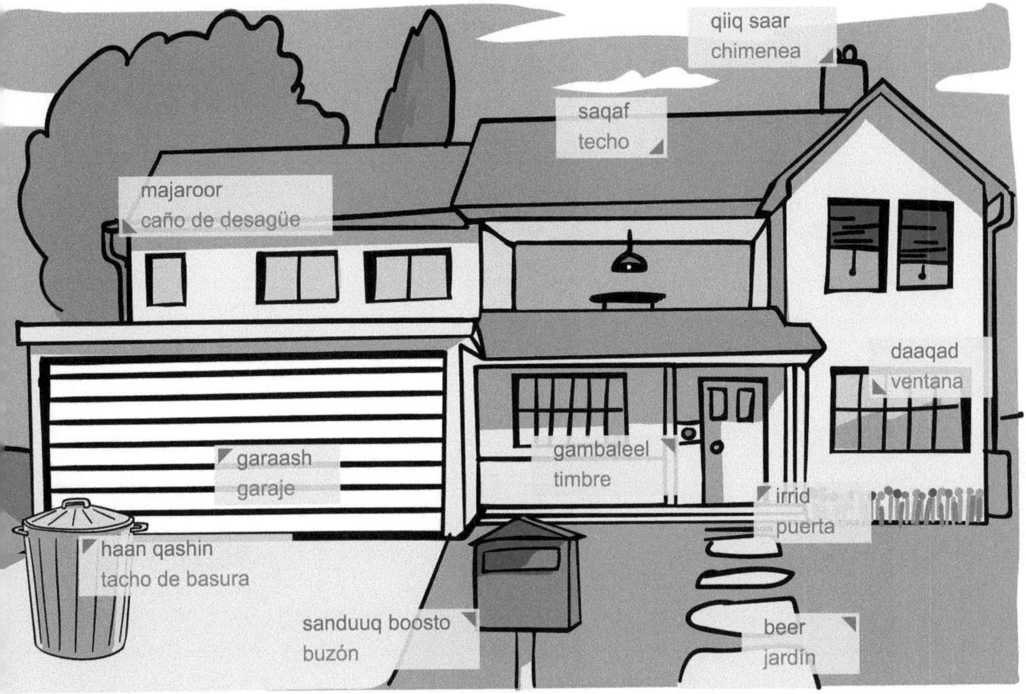

qiiq saar
chimenea

saqaf
techo

majaroor
caño de desagüe

daaqad
ventana

garaash
garaje

gambaleel
timbre

irrid
puerta

haan qashin
tacho de basura

sanduuq boosto
buzón

beer
jardín

qol jiib

living

musqul-qubeys

baño

jiko

cocina

qolka jiifka

dormitorio

qolka ilmaha

cuarto de los chicos

qolka cuntada

comedor

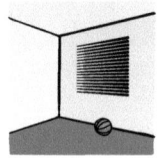

sagxad

piso

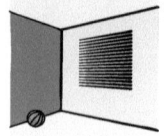

derbi

pared

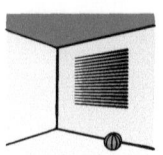

saqaf

cielorraso

makhaasiin

sótano

soona

sauna

balakoon

balcón

daarad

terraza

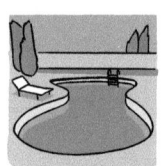

barkad

pileta

caws-jare

cortadora de pasto

buste

sábana

go'

acolchado

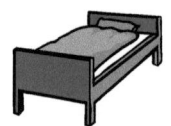

sariir

cama

xaaqin

escoba

baaldi

balde

daare-damiye

interruptor

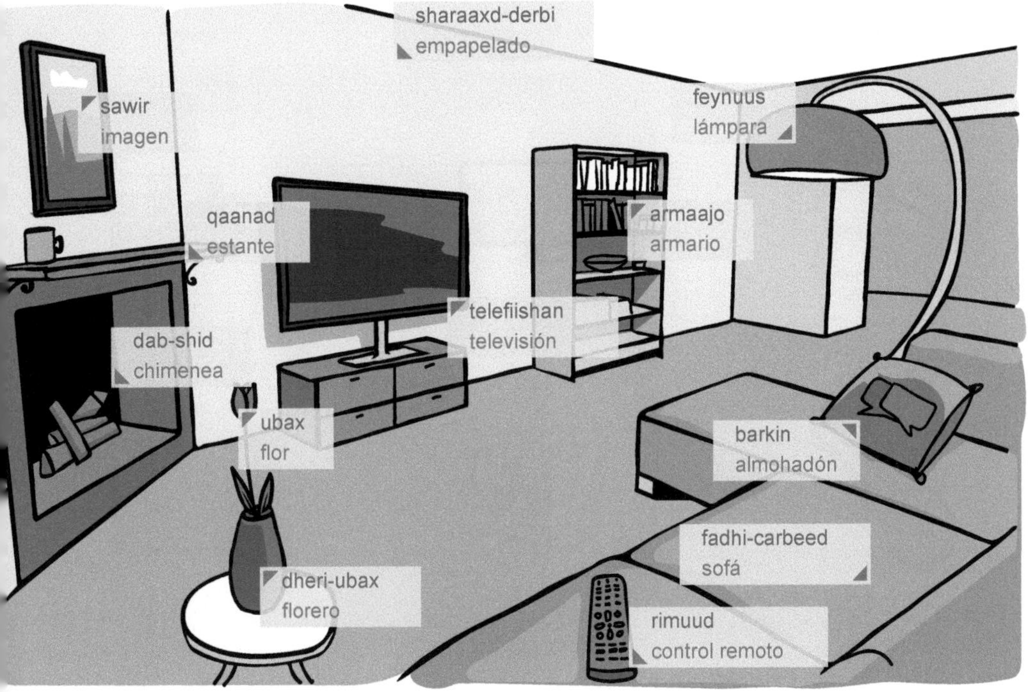

sharaaxd-derbi
empapelado

sawir
imagen

feynuus
lámpara

qaanad
estante

armaajo
armario

dab-shid
chimenea

telefiishan
televisión

ubax
flor

barkin
almohadón

fadhi-carbeed
sofá

dheri-ubax
florero

rimuud
control remoto

roog
alfombra

daah
cortina

miis
mesa

kursi
silla

kursi wareega
mecedora

kursi fadhi
sillón

buug
libro

buste
frazada

qurxin
decoración

xaabo
leña

filin
película

cod-baahiye
equipo de música

fure
llave

wargeys
diario

rinjiyeyn
pintura

tabeelo
póster

raadiye
radio

xusuus-qor
cuaderno

huufar
aspiradora

tiitiin
cactus

shumac
vela

jiko
cocina

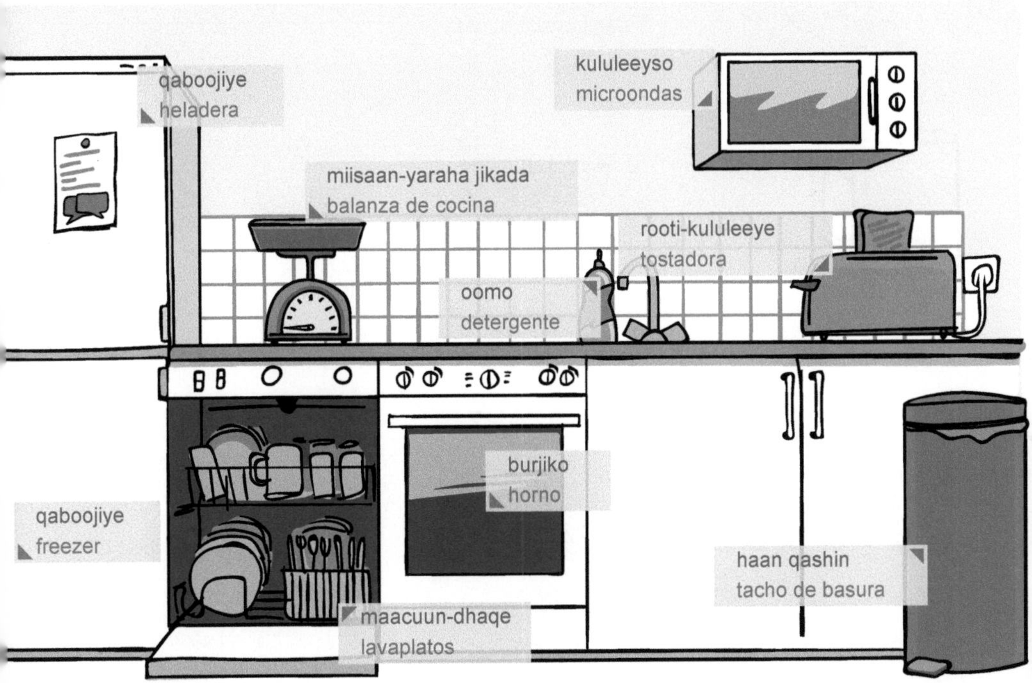

qaboojiye
heladera
kululeeyso
microondas
miisaan-yaraha jikada
balanza de cocina
rooti-kululeeye
tostadora
oomo
detergente
burjiko
horno
qaboojiye
freezer
haan qashin
tacho de basura
maacuun-dhaqe
lavaplatos

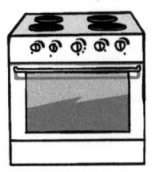

kuuker
cocina

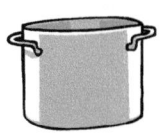

dheri
olla

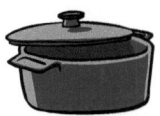

birtaawo
olla de hierro fundido

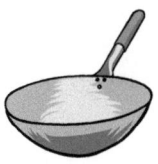

birtaawo
wok

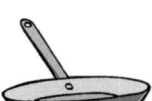

birtaawo
sartén

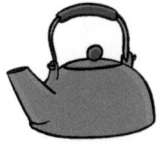

kirli
pava

uumiye

vaporera

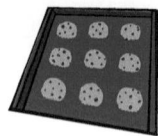

saxaarad dubista

bandeja de horno

maacuun

vajilla

bakeeri

taza

baaquli

bol

qoryo wax lagu cuno

palitos

malqacad

cucharón

qaado

estpátula

folow

batidora

miire

colador

shashaq

colador

qudaar-jare

rallador

mooye

mortero

hilib-sol

parrilla

dab

fogata

alwaaxa wax-jar-jarka

tabla de picar

ul jabaati

palo de amasar

guf-saare

sacacorchos

gasac

lata

gasac-fure

abrelatas

istaraasho-jiko

manopla

saxanka-alaab-dhaqa

pileta

caday

cepillo

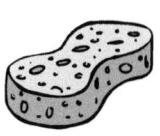

isbuunyo

esponja

shiide

batidora

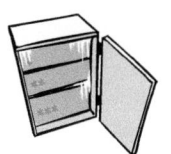

qaabojin qoto-dheer

congelador

masaasad

mamadera

tuubbo

canilla

jiko - cocina

musqul-qubeys
baño

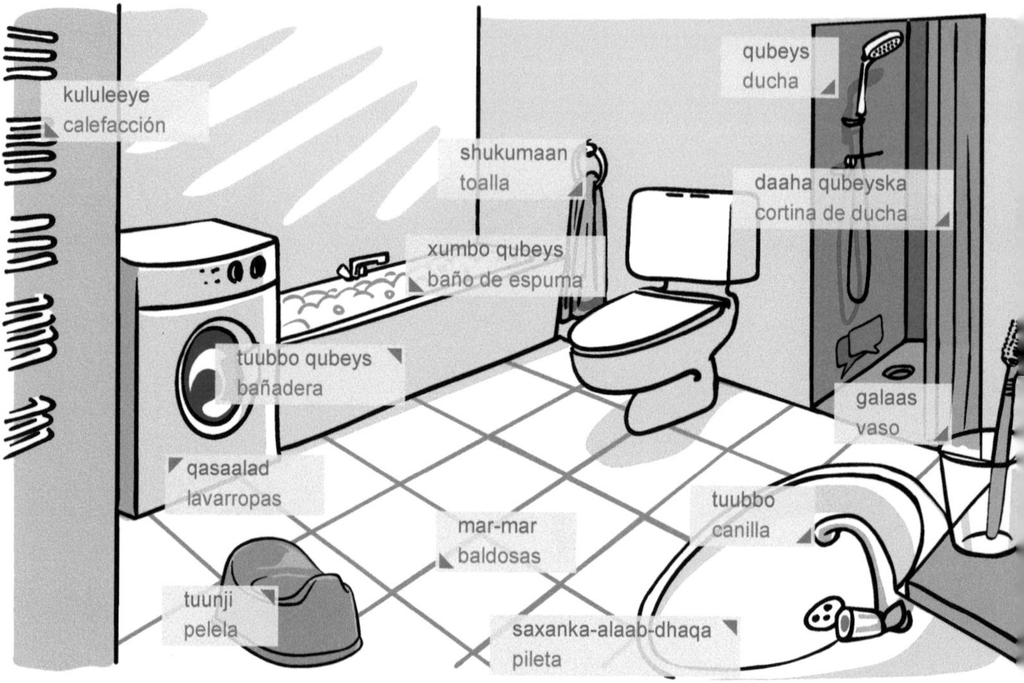

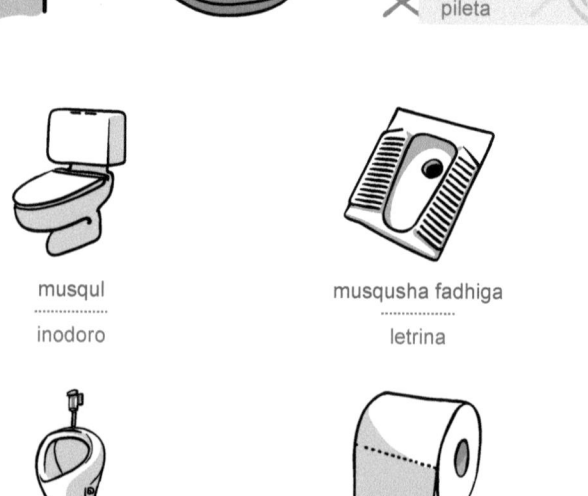

kululeeye
calefacción
shukumaan
toalla
qubeys
ducha
daaha qubeyska
cortina de ducha
xumbo qubeys
baño de espuma
tuubbo qubeys
bañadera
galaas
vaso
qasaalad
lavarropas
tuubbo
canilla
mar-mar
baldosas
tuunji
pelela
saxanka-alaab-dhaqa
pileta

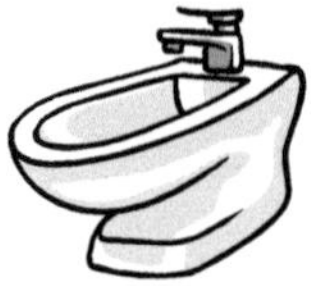

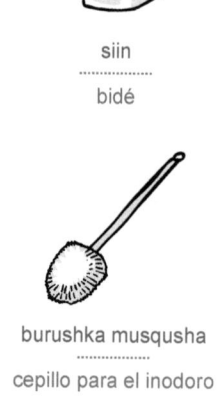

musqul

inodoro

musqusha fadhiga

letrina

siin

bidé

weel kaadi

mingitorio

tiish musqul

papel higiénico

burushka musqusha

cepillo para el inodoro

caday

cepillo de dientes

daawo caday

dentífrico

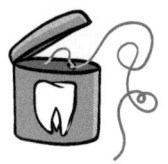

dunta ilka farashada

hilo dental

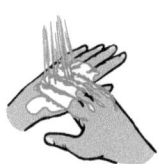

dhaq

lavar

gacan qubeys

ducha de mano

tuubo-musqul

ducha higiénica

beeshin

palangana

burush-qubeys

cepillo para espalda

saabuun

jabón

shaambo

gel de ducha

shaambo

shampoo

cago-saar

toallita

biyo-saare

desagüe

kareem

crema

carfiso

desodorante

muraayad

espejo

muraayad gacmeed

espejito

sakiin

maquinita de afeitar

xumbada xiirashada

espuma de afeitar

daawo gar-xiir

aftershave

shanlo

peine

burush

cepillo

fooneeye

secador de pelo

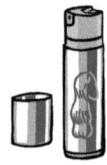

timo-buufis

spray

waji-qurxiye

maquillaje

rooseeto

lápiz de labios

cidiyo-nadiifiye

esmalte para uñas

dun

algodón

cidiyo-jar

tijera para uñas

baarafuun

perfume

boorso-wajidhaq

portacosméticos

saxaro

banqueta

miisaan culays

balanza

dhar-qubeys

bata

gacma gashi cinjir

guantes de goma

tambooni

tampón

tiimshe

toallita femenina

musqul kiimiko

baño químico

qolka ilmaha
cuarto de los chicos

saacadda dhawaaqda
despertador
boombale caruur
peluche
baabuur caruureed
coche de juguete
sanqadh
sonajero
guriga caruusada
casa de muñecas
hadiyad
regalo

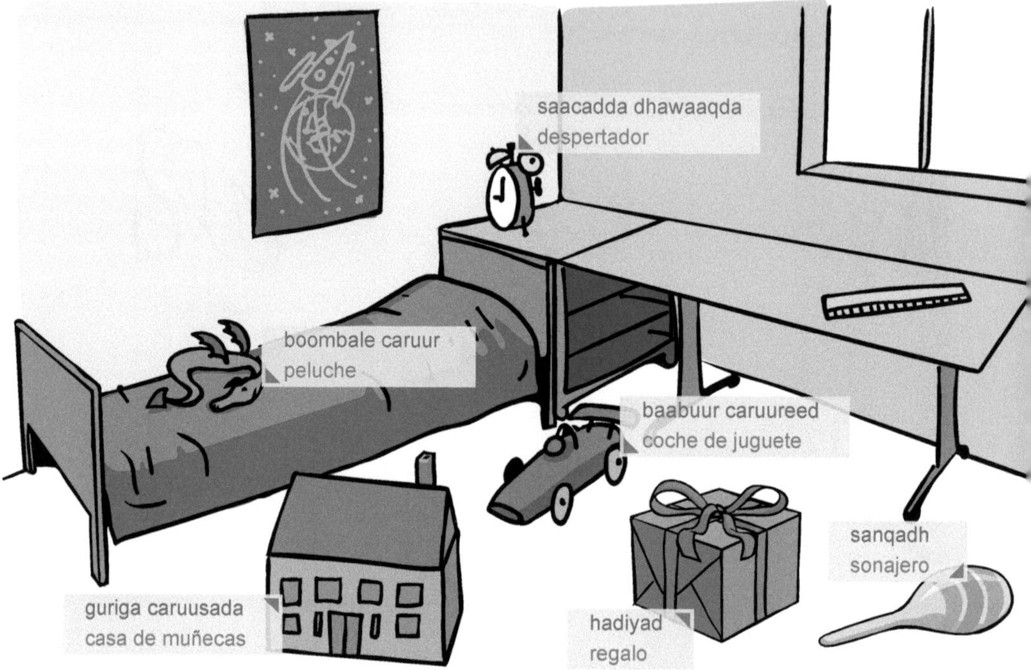

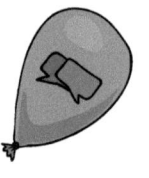

buufin

globo

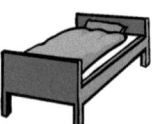

sariir

cama

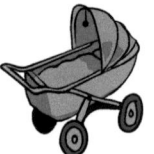

gaariga caruurta

cochecito

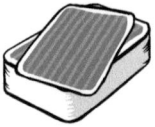

turub

cartas

miinshaar

rompecabezas

SUPER
MEGA

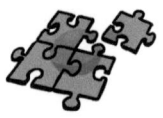

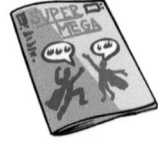

maad

historieta

bulkeeti boombale ah

piezas de lego

tooy

ladrillos de juguete

sanam

figura de acción

isku-jooga dhallaanka

enterito (de bebé)

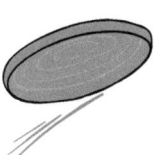

aalad cayaar

frisbee

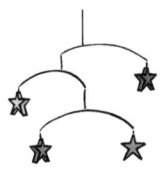

moobaayl

móvil para bebés

khamaar

juego de mesa

laadhuu

dados

moodo tareen

tren eléctrico

boombale

chupete

xaflad

fiesta

buug sawirro

libro de cuentos ilustrado

kubbad

pelota

boombale

muñeca

cayaar

jugar

dhoobo-dhoobeey

arenero

wiifoow

hamaca

alaab-alaabeey

juguetes

geemka gacanta laga hago

consola de videojuegos

baaskiil

triciclo

boombale

osito de peluche

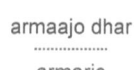

armaajo dhar

armario

dhar

ropa

sigisaan

medias

sigsaan haween

medias panty

surwaal-dhuuqsan

calzas

masar
bufanda

suun
cinturón

dallad
paraguas

funaanad
remera

kabo tababar
zapatillas

kabo buud
botas

dacas
pantuflas

saandalo
....
sandalias

kabo
....
zapatos

kabo roob
....
botas de goma

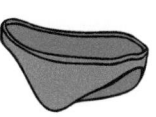

hoos-gashi
....
ropa interior

rajabeeto
....
corpiño

garan
....
chaleco

jir

body

surwaal

pantalones

surwaal jeenis

jeans

goono

pollera

canbuur

blusa

shaati

camisa

funaanad-dhaxameed

pulóver

garan dhaxameed

buzo

jaakad fudud

blazer

jaakad

campera

koodh

tapado

koodhka roobka

piloto

dhar-munaasabadeed

traje

labbis

vestido

lebbis aroos

vestido de novia

suut

traje

dhar-hurdo

camisón

bajaamo

pijama

saari

sari

masar

pañuelo para cabeza

cimaamad

turbante

cabaayad

burka

saako

caftán

cabaayad

abaya

dharka-dabaasha

traje de baño

dabo-gaabyo

short de baño

surwaal-dabagaab

shorts

taraak-suut

jogging

dufan-dhowr

delantal

gacmo gashi

guantes

galluus

botón

ookiyaale

anteojos

jijin

pulsera

silis

collar

faraati

anillo

dhego dhego

aro

koofiyo

gorra

katabaan

percha

koofiyad

sombrero

garabaati

corbata

jiinyeer

cierre

helmed

casco

ilko-reeb

tiradores

direes dugsi

uniforme escolar

direes

uniforme

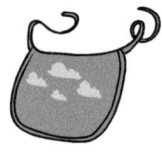

cayo-dhowr

babero

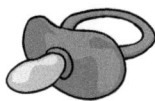

boombale

chupete

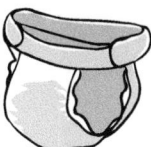

maro-dufeed

pañal

xafiis

oficina

khad-bixiye
servidor
armaajo feylal
archivero
daabace
impresora
shaashad
monitor
warqad
papel
hage kombuyuutar
mouse
miis
escritorio
gal
carpeta
teeb-kombuyuutar
teclado
kursi
silla
haan qashin-gur
tacho (de basura)
kombuyuutar
computadora

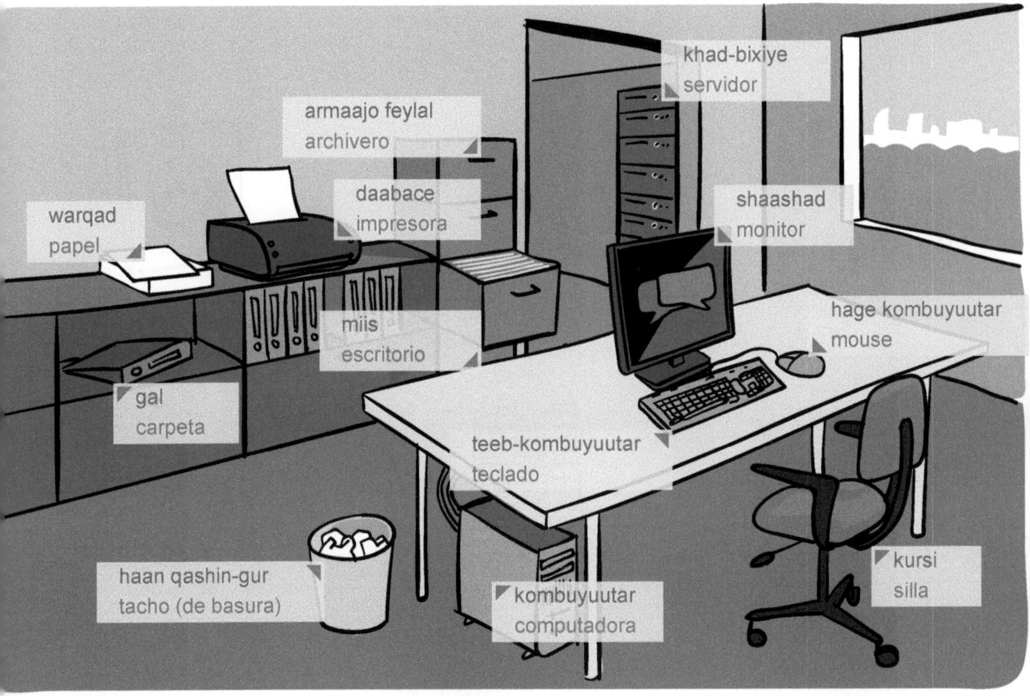

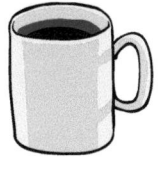

koob kafee

taza de café

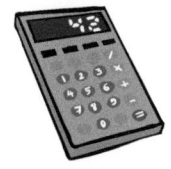

kalkuleytar/xisaabiye

calculadora

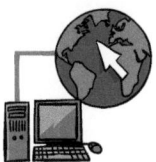

internet

internet

laabtoob
laptop

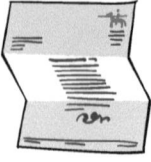

bakhshad
carta

fariin
mensaje

moobaayl
celular

shabakad-kombuyuutar
red

footokoobi
fotocopiadora

barnaamij-kombuyuutar
software

telefoon
teléfono

god koronto
tomacorriente

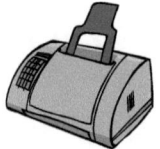

mishiinkan fax-ka
fax

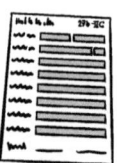

foomka
formulario

dokumenti
documento

iibso

comprar

bixi

pagar

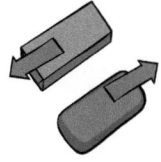

ganacso

hacer negocios

lacag

dinero

doollar

dólar

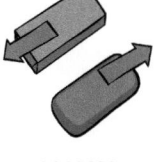

yuuro

euro

yenka jabbaan

yen

robolka ruushka

rublo

Franka iswiiska

franco suizo

lacagta shiinaha

yuan

rubiyada hindiga

rupia

maqal

cajero automático

xafiiska sarrifaka lacagaha
....
casa de cambio

dahab
....
oro

qalin
....
plata

shidaal
....
petróleo

tamar
....
energía

qiime
....
precio

qandaraas
....
contrato

canshuur
....
impuesto

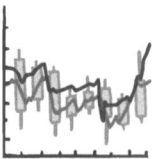

raasumaal
....
acción

shaqee
....
trabajar

shaqaale
....
empleado

shaqaaleysiiye
....
empleador

warshad
....
fábrica

dukaan
....
negocio

sarkaal booliis
policía

dab-demiye
bombero

duuliye
piloto

cunto-kariye
cocinero

dhakhtar
médico

beeralley

jardinero

nijaar

carpintero

timo-qurxiso

modista

qaaddi

juez

farmashiiste

farmacéutico

jile

actor

darawal bas

colectivero

taksiile

taxista

kalluumeyste

pescador

nadiifiso

mucama

saqaf-dhise

techista

kabalyeeri

mozo

ugaarsade

cazador

rinjiile

pintor

rooti-dube

panadero

koronto-yaqaan

electricista

dhise

albañil

injineer

ingeniero

kawaanle

carnicero

tuubbiiste

plomero

boostaale

cartero

askari
soldado

injineer-dhismo
arquitecto

qasnaji
cajero

ubax-yaqaan
florista

timo-jare
peluquero

kiro-uruuriye
cobrador

makaanik
mecánico

kabtan
capitán

dhakhtar-ilko
dentista

saaynisyahan
científico

wadaad yahuud
rabino

imaam
imán

xerow
monje

wadaad
sacerdote

qalab
herramientas

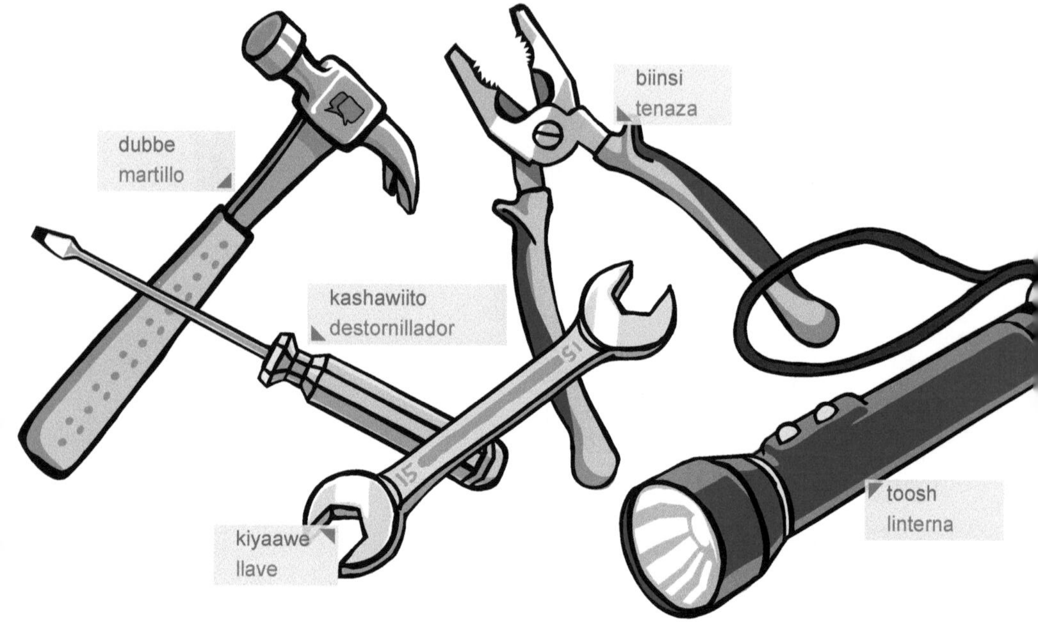
biinsi
tenaza
dubbe
martillo
kashawiito
destornillador
toosh
linterna
kiyaawe
llave

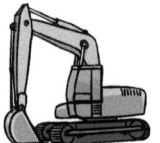

dhul-qoddo

excavadora

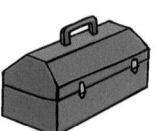

qalab-xajiye

caja de herramientas

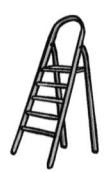

jaraanjaro

escalera portátil

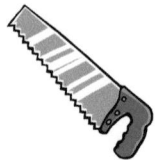

miinshaar

sierra

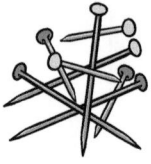

musbaarro

clavos

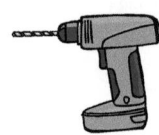

dalooliye

taladro

dayactir
arreglar

badiil
pala de jardín

inkaar kugu dhacday!
¡Qué bronca!

bus-xaabiye
pala de plástico

gasacad rinji
tacho de pintura

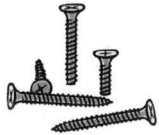

boolal
tornillos

qalab muusiko
instrumentos musicales

digsi
batería

samacad
parlante

kataarad
guitarra

kataarad guux-weyn
contrabajo

turumbo
trompeta

biyaano

piano

fiyooliin

violín

karaarad guux-dheer

bajo

durbaan-sheegagle

timbales

durbaan

tambor

loox-xarfeed-biyaano

teclado

turumbo

saxofón

siin-baar

flauta

makarafoon

micrófono

beer-xayawaan
zoológico

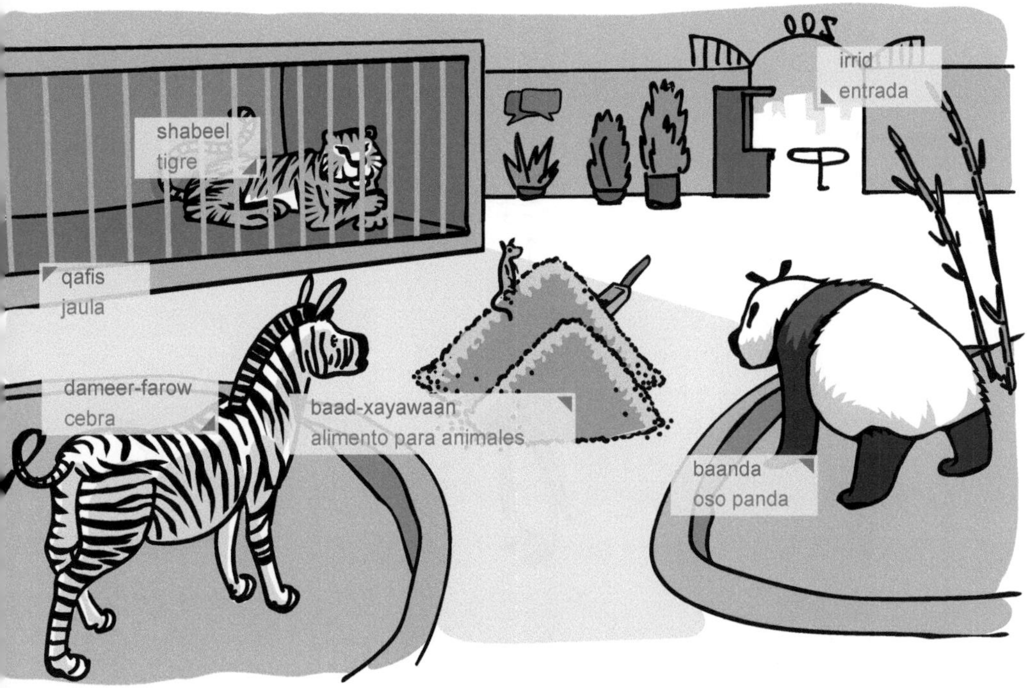

shabeel
tigre
qafis
jaula
irrid
entrada
dameer-farow
cebra
baad-xayawaan
alimento para animales
baanda
oso panda

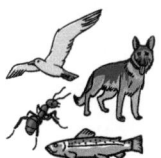

xayawaan

animales

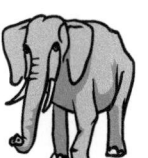

maroodi

elefante

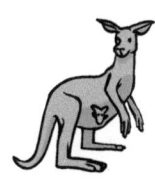

kaangaruu

canguro

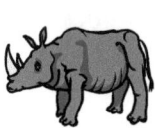

wiyil

rinoceronte

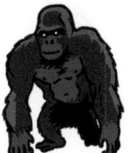

goriille

gorila

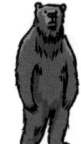

oorso

oso

geel

camello

gorayo

avestruz

libaax

león

daanyeer

mono

xiita-luga-dheer

flamenco

baqbaqaa

loro

oorso baraf-ku-nool

oso polar

shimbir baraf

pingüino

libaax-badeed

tiburón

daa'uus

pavo real

mas

serpiente

yaxaas

cocodrilo

beer-xayawaan ilaaliye

cuidador del zoológico

bahal kalluun-cun

foca

shabeel-u-eke

jaguar

dhal faras

poni

harmacad

leopardo

jeer

hipopótamo

geri

jirafa

gorgor

águila

doofaar-jilibeey

jabalí

kalluun

pescado

qubo

tortuga

maroodi-badeed

morsa

dawaco

zorro

deero

gacela

kubadda-cagta maraykanka
fútbol americano

tartanka bashkuleetiga
ciclismo

kubbadda miiska
tenis

kubbadda koleyga
básquet

dabaal
natación

cayaarta feerka
boxeo

hookiga barafka lagu dh
hockey sobre hielo

kubadda cagta
fútbol

baadminton
bádminton

ciyaaraha fudud
atletismo

kubadda gacanta
handball

iskii/ciyaarta barafka
esquí

cayaar-faras
polo

hawlo
actividades

qosol
reír
boodid
saltar
hab-siin
abrazar
soco
caminar
hees
cantar
riyo
soñar
duceyso
rezar
dhunkasho
besar

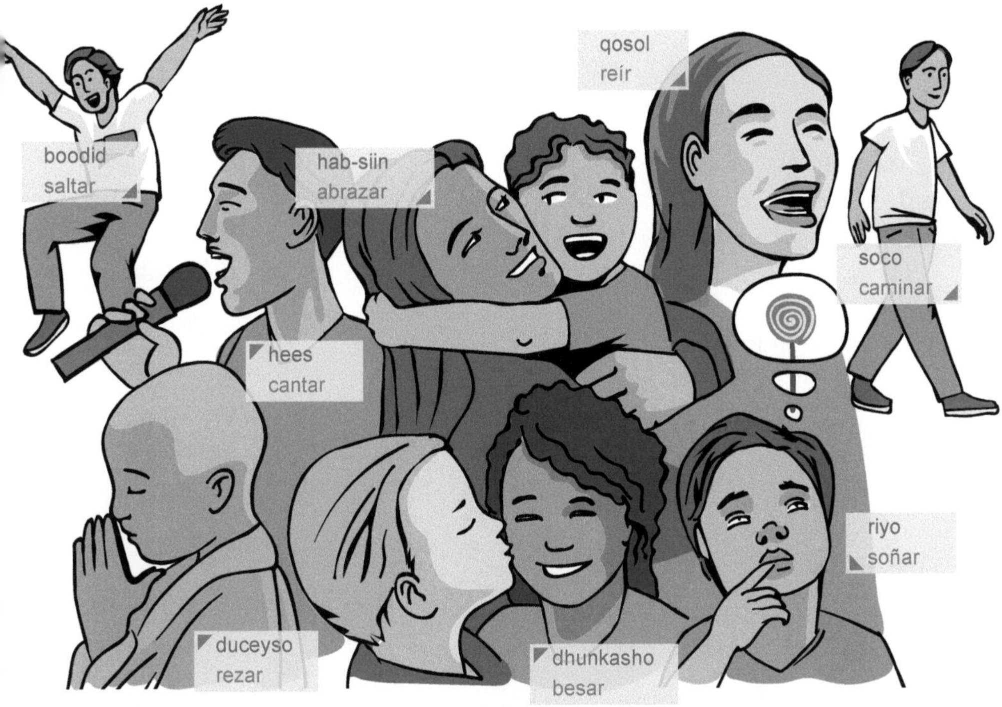

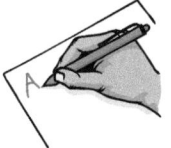

qorraxeed

escribir

masawirid

dibujar

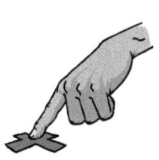

muuji

mostrar

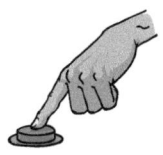

riix

presionar

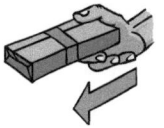

sii

dar

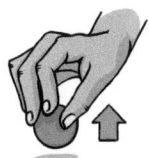

qaado

tomar

haysasho

tener

samee

hacer

ahaansho

ser

istaag

estar parado

orod

correr

jiid

tirar

tuur

tirar

dhicid

caer

been-sheegid

estar acostado

sug

esperar

qaad

llevar

fariiso

estar sentado

labiso

vestirse

seexo

dormir

toos

despertar

fiiri

mirar

ooy

llorar

dhuftay

acariciar

shanleyso

peinar

hadal

hablar

faham

entender

weydii

preguntar

dhageysasho

escuchar

cab

beber

cun

comer

habee

ordenar

jacayl

amar

kari

cocinar

kaxee

manejar

duulid

volar

shiraaco

navegar

xisaabi

calcular

akhri

leer

barasho

aprender

shaqee

trabajar

guurso

casarse

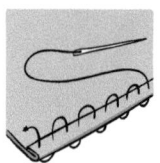

tol

coser

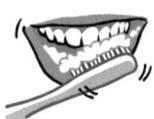

cadayso

cepillarse los dientes

dilid

matar

sigaar cab

fumar

dir

enviar

ayeeyo
abuela

awoowe
abuelo

aabbe
padre

hooyo
madre

ilmo
bebé

gabar
hija

wiil
hijo

marti

invitado

eeddo

tía

adeer

tío

walaal rag

hermano

walaal dumar

hermana

jir

cuerpo

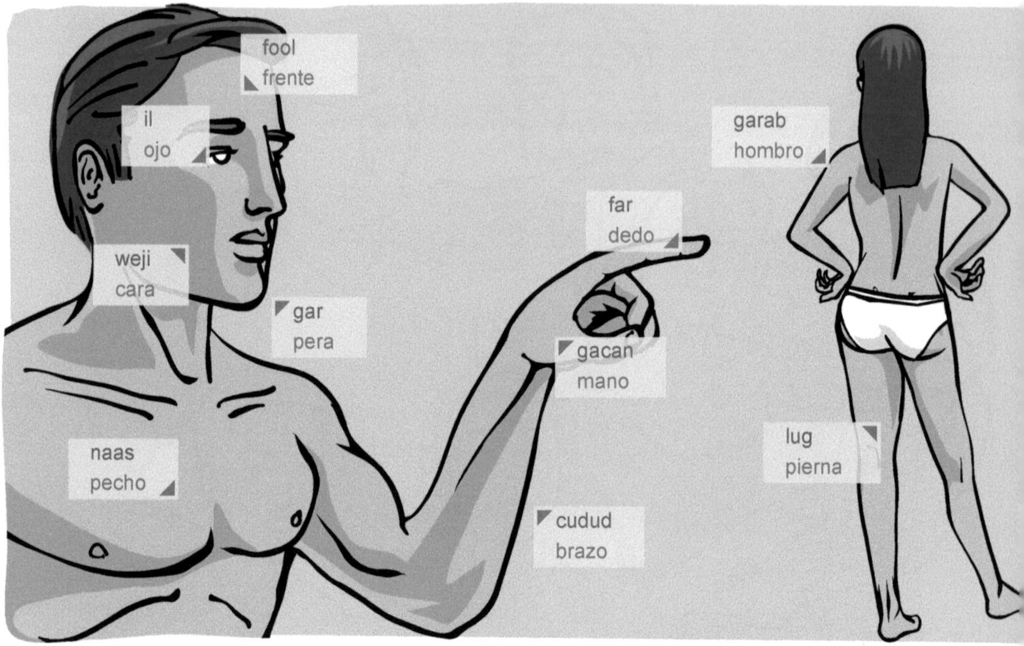
fool
frente
il
ojo
garab
hombro
far
dedo
weji
cara
gar
pera
gacan
mano
lug
pierna
naas
pecho
cudud
brazo

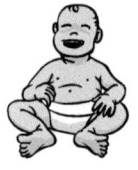

ilmo

bebé

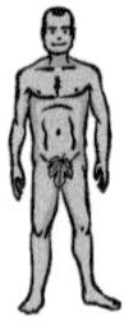

nin

hombre

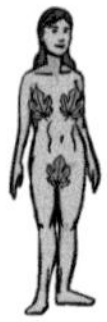

naag

mujer

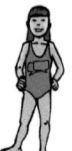

gabar

nena

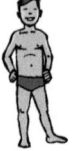

wiil

nene

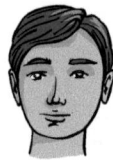

madax

cabeza

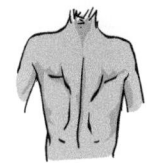

dhabar

espalda

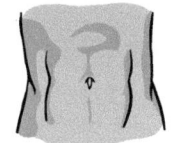

calool

panza

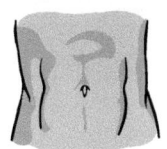

xuddun

ombligo

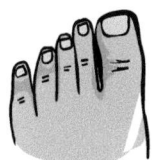

suul

dedo del pie

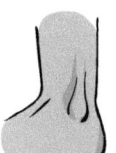

cirib

talón

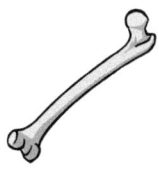

laf

hueso

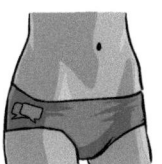

sin

cadera

jilib

rodilla

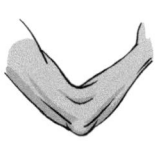

xusul

codo

san

nariz

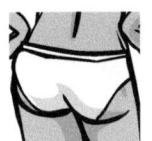

bari

cola

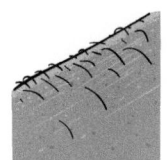

maqaar

piel

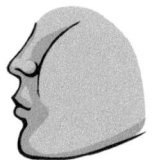

dhafoor

cachete

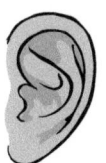

dheg

oreja

bishin

labio

af

boca

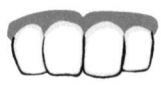

ilig

diente

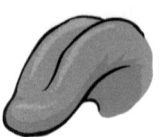

carrab

lengua

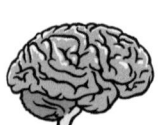

maskax

cerebro

wadno

corazón

muruq

músculo

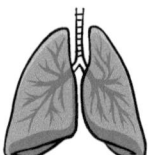

sambab

pulmón

beer

hígado

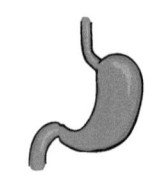

uur kujirta caloosha

estómago

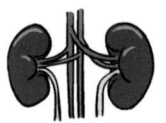

kelyo

riñones

galmo

sexo

cinjir-galmo

preservativo

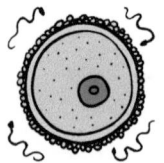

ugxan

óvulo

shahwo

semen

uur

embarazo

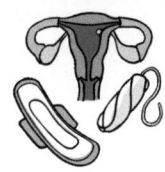

caado

menstruación

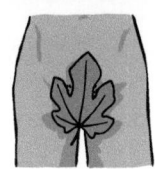

siil

vagina

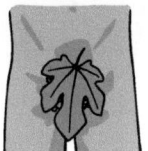

gus

pene

suni

ceja

timo

pelo

qoor

cuello

isbitaal
hospital

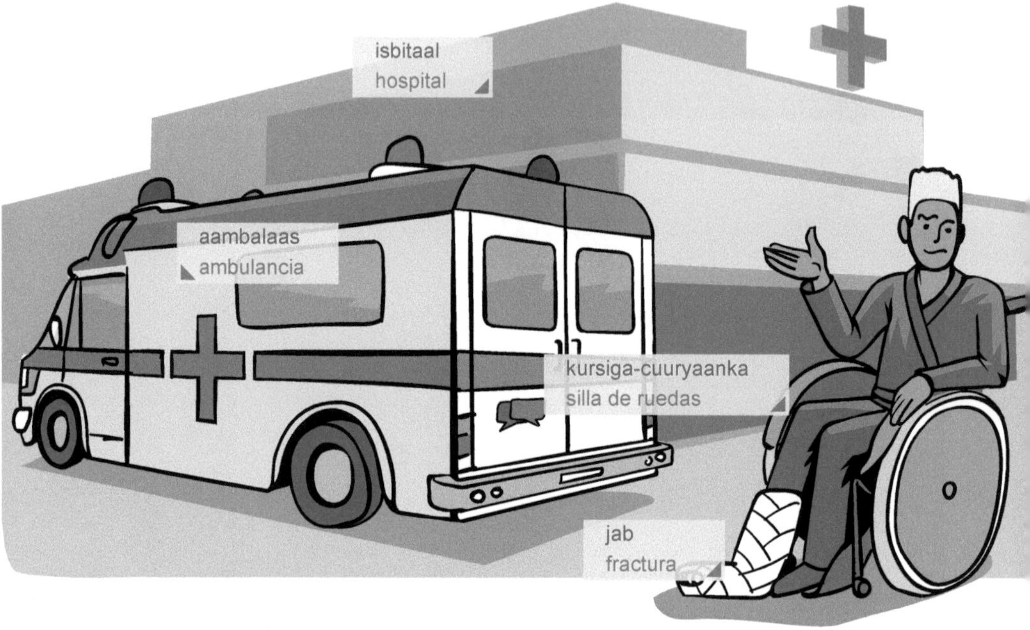

isbitaal
hospital
aambalaas
ambulancia
kursiga-cuuryaanka
silla de ruedas
jab
fractura

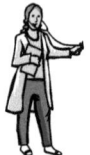

dhakhtar

médico

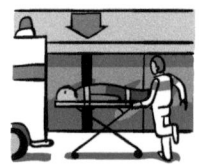

qolka xaaladaha-degdega ah

sala de guardia

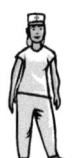

kalkaaliye

enfermera

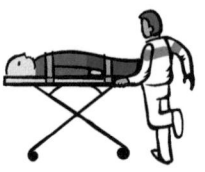

xaalad deg-deg ah

emergencia

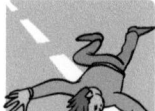

miyir-beelsan

inconsciente

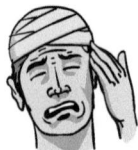

xanuun

dolor

dhaawac
....
lesión

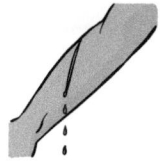

dhiig-bax
....
hemorragia

wadno-xanuun
....
infarto

qallal
....
ACV

xasaasiyad
....
alergia

qufac
....
tos

qandho
....
fiebre

hargab
....
gripe

shuban
....
diarrea

madax-xanuun
....
dolor de cabeza

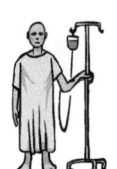

kansar
....
cáncer

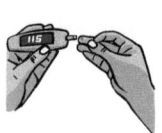

cudurka sokoroow
....
diabetes

dhakhtarka-qalliinka
....
cirujano

mindida qalliinka
....
bisturí

qalliin
....
operación

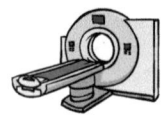

iskaan
TC

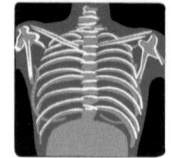

raajo
rayos x

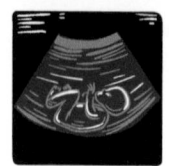

dhawaaq-xawaareed
ecografía

maaskaro
barbijo

cudur sokoroow
enfermedad

qolka sugitaanka
sala de espera

ul lagu boodo
muleta

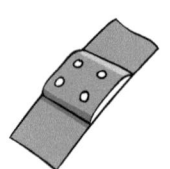

kab
curita

faashato
venda

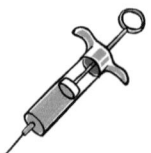

duris
inyección

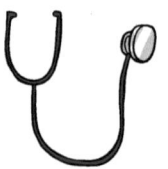

wadne-dhegeyeste
estetoscopio

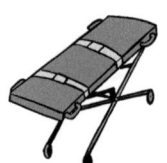

balankiino
camilla

heer-kul-beega qandhada
termómetro

dhalasho
nacimiento

aad-u-cayilan
sobrepeso

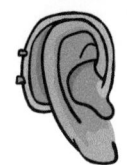

maqal-caawiye

audífono

jeermis-dile

desinfectante

caabuq

infección

feyras

virus

AYDHIS/HIV

VIH / SIDA

daawo

remedio

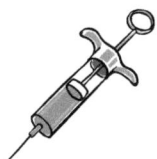

tallaal

vacunación

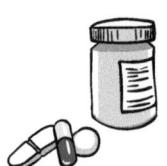

kaniiniyo

comprimidos

kaniin

pastilla anticonceptiva

wicitaan deg-deg ah

llamada de emergencia

cabbiraha dhiig-karka

tensiómetro

xanuunsan / caafimaadsan

enfermo / sano

i caawiya!

¡Ayuda!

sawaxan

alarma

weerar-kadisa ah

agresión

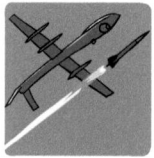

weerar

ataque

khatar

peligro

irridda bixida xaalad-deg-deg

salida de emergencia

dab!

¡Fuego!

dab demiye

matafuego

shil

accidente

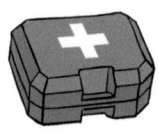

saduuqa xaalada-degdega ah

botiquín de primeros auxilios

codsi badbaado

SOS

booliis

policía

Yurub

Europa

woqooyiga ameerika

América del Norte

koonfurta ameerika

América del Sur

Afrika

África

Aasiya

Asia

Oostareeliya

Australia

Atlaantik

Atlántico

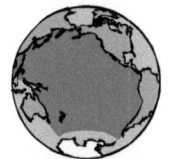

Pacific

Pacífico

Bad-waynta hindiya

Océano Índico

Bad-waynta antarctica

Océano Antártico

Bad-waynta arctic

Océano Ártico

cirifka waqooyi

polo norte

cirifka koonfureed

polo sur

Antarctica

Antártida

dhul

Tierra

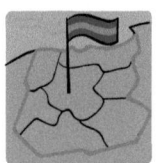

dhul

tierra

bad

mar

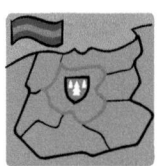

jasiirad

isla

waddan

nación

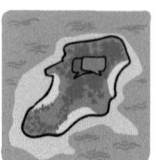

gobol

estado

wajiga saacadda

esfera

gacanka saacada

manecilla de las horas

gacanka daqiiqada

minutero

gacanka ilbiriqsiga

segundero

waa intee saac?

¿Qué hora es?

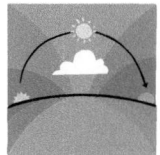

maalin

día

wakhti

hora

hadda

ahora

saacadda jiifarrada

reloj digital

daqiiqad

minuto

saacad

hora

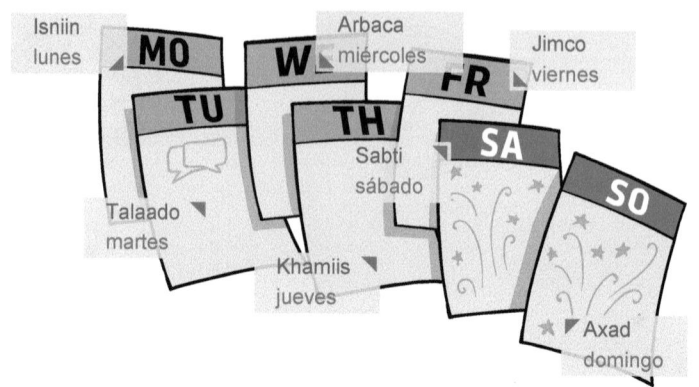

shalay

ayer

maanta

hoy

berri

mañana

subax

mañana

duhur

mediodía

casir

tarde

maalmaha shaqo

días hábiles

dabayaaqada usbuuca

fin de semana

sanad

año

roob
lluvia
qaanso-roobaad
arco iris
roob-baraf
nieve
dabayl
viento
gu'
primavera
deyr
otoño
xagaa
verano
jiilaal
invierno

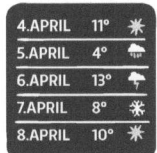

4.APRIL 11°
5.APRIL 4°
6.APRIL 13°
7.APRIL 8°
8.APRIL 10°

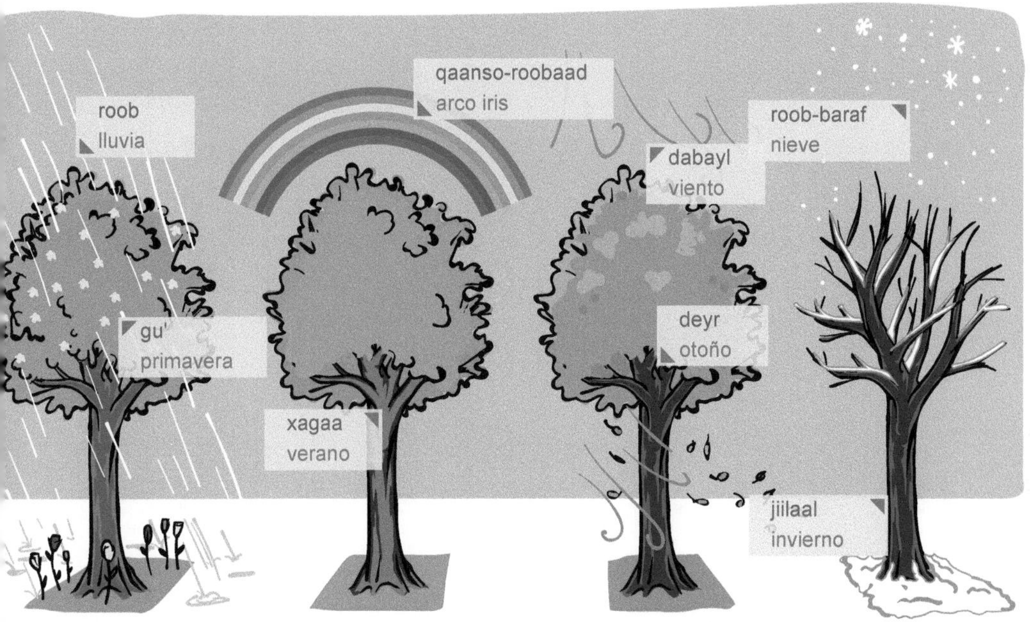

saadaal hawo

pronóstico meteorológico

F C
120 40
90 30
60 20
30 10
0 0
-30 -10
-20

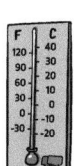

heer-kul baare

termómetro

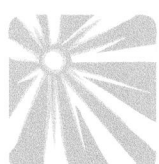

qorraxeed

luz del sol

daruur

nube

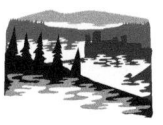

ceeryaamo

niebla

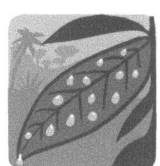

huur

humedad

jac

rayo

onkod

trueno

duufaan

tormenta

roob-baraf

granizo

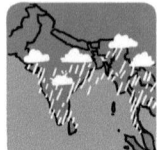

maansuun

monzón

daad

inundación

baraf

hielo

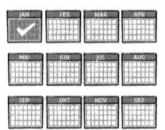

Jannaayo

enero

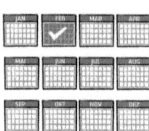

Febraayo

febrero

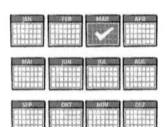

Maarso

marzo

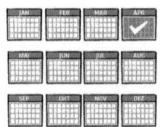

Abriil

abril

Mey

mayo

Juun

junio

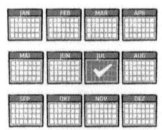

Luulyo

julio

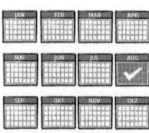

Agoosto

agosto

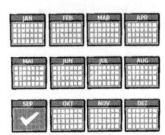

Sebteember
septiembre

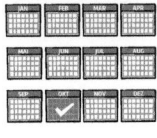

Oktoobar
octubre

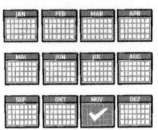

Nofeember
noviembre

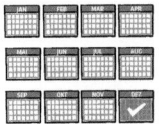

Diseember
diciembre

qaababka
formas

goobaabo
círculo

afar-gees
cuadrado

leydi
rectángulo

saddex-xagal
triángulo

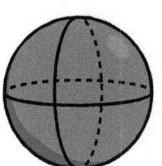

wareeg
esfera

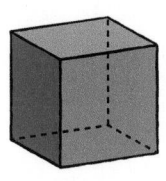

bokis
cubo

caddaan
....
blanco

hurdi
....
amarillo

oranji
....
naranja

guduud-khafiif
....
rosa

casaan
....
rojo

carwaajis
....
violeta

bluug
....
azul

cagaar
....
verde

boroon
....
marrón

cawl
....
gris

madow
....
negro

badan / yar

mucho / poco

caro / daganaan

enojado / tranquilo

qurxoon / foolxun

lindo / feo

billow / dhammaad

principio / fin

yar / weyn

grande / chico

iftiin / mugdi

claro / oscuro

walaalkaa / walaashaa

hermano / hermana

nadiif / wasakhaysan

limpio / sucio

buuxa / dhantaalan

completo / incompleto

maalin / habeen

día / noche

dhintay / nool

muerto / vivo

ballaaran / ciriiri ah

ancho / angosto

la cuni karo / aan la cuni karin

comestible / no comestible

arxan-daran / naxariis-badan

malo / amable

faraxsan / caajisan

entusiasmado / aburrido

buuran / caateysan

gordo / flaco

ugu horeeya / ugu dambeeya

primero / último

saaxiib / cadaw

amigo / enemigo

maran / buuxa.

lleno / vacío

adag / jilicsan

duro / blando

culus / fudud

pesado / liviano

gaajo / oon

hambre / sed

xanuunsan / caafimaadsan

enfermo / sano

sharci-darro / sharci

ilegal / legal

caaqil / dabbaal

inteligente / estúpido

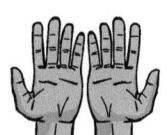

bidix / midig

izquierda / derecha

dhow / fog

cerca / lejos

cusub / duug

nuevo / usado

waxba / wax

nada / algo

da' / dhalinyar

viejo / joven

daaris / damin

encendido / apagado

furan / xiran

abierto / cerrado

aamusnaan / cod-dheer

silencioso / ruidoso

taajir / sabool

rico / pobre

sax / khalad

correcto / incorrecto

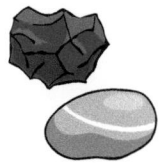

jilif leh / sabiibax

áspero / suave

murugsan / faraxsan

triste / contento

gaaban / dheer

corto / largo

tartiib / dhaqsi

lento / rápido

qoyaan / qalleyl

mojado / seco

qandac / qabow

caliente / frío

dagaal / nabad

guerra / paz

números

0

eber

cero

1

kow

uno

2

laba

dos

3

saddex

tres

4

afar

cuatro

5

shan

cinco

6

lix

seis

7

toddoba

siete

8

sideed

ocho

9

sagaal

nueve

10

toban

diez

11

kow iyo toban

once

12

laba iyo toban

doce

13

sadex iyo toban

trece

14

afar iyo toban

catorce

15

shan iyo toban

quince

16

lix iyo toban

dieciséis

17

todoba iyo toban

diecisiete

18

sideed iyo toban

dieciocho

19

sagaal iyo toban

diecinueve

20

labaatan

veinte

100

boqol

cien

1.000

kun

mil

1.000.000

malyuun

millón

Af ingiriis

inglés

Ingiriiska Mareykanka

inglés americano

Mandariinka Shiinaha

chino mandarín

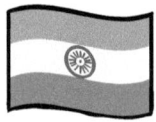

Hindi

hindi

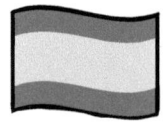

Boortaqiis

español

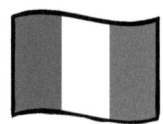

Faransiis

francés

Carabi

árabe

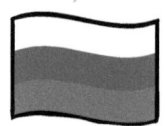

Ruush

ruso

Boortaqiis

portugués

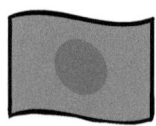

Bengaali

bengalí

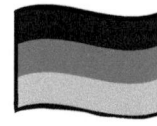

Jarmal

alemán

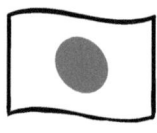

Jabaaniis

japonés

aniga

yo

adiga

vos

asaga / ayada

él / ella

annaga

nosotros

idinka

ustedes

ayaga

ellos

kee?

¿quién?

maxay?

¿qué?

sidee?

¿cómo?

xagee?

¿dónde?

goorma?

¿cuándo?

magac

nombre

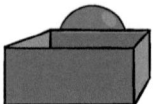

gadaal

detrás

gudaha

en

horta

adelante de

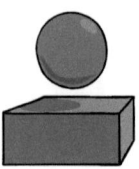

ka sare

por encima de

dusha

sobre

ka hooseeya

debajo de

dhinac

al lado de

u dhexeeya

entre

meel

lugar